MEMOIR
en Imag

ANDRÉZIEUX-BOUTHÉON

MEMOIRE
en Images

ANDRÉZIEUX-BOUTHÉON

Marie-Louise Robin

ALAN SUTTON

Editions Alan Sutton
21, avenue de la République
37300 Joué-lès-Tours

Première édition mars 1999

ISBN 2-84253-294-5

Dépôt légal : mars 1999.
Imprimé en Grande-Bretagne par
Midway Clark Printing, Wiltshire.

Sommaire

Introduction

Andrézieux-Bouthéon est situé au début de la plaine de Forez, et qui mieux qu'Honoré d'Urfé pourrait nous en parler...

« *Auprès de l'ancienne ville de Lyon, du côté du soleil couchant, est un pays nommé Forez, qui, en sa petitesse, contient ce qui est le plus rare au reste des Gaules, car étant divisé en plaines et montages, les unes et les autres sont si fertiles et situées en un air si tempéré que la terre y est capable de tout ce que peut désirer le laboureur. Au cœur du pays est le plus beau : la plaine ceinte comme d'une forte muraille des monts assez voisins, arrosés du fleuve Loire, prenant sa source assez près de là, coule par le milieu, non point encore trop enflé, ni orgueilleux, mais doux et paisible* »... Bien sûr, cela fut écrit en 1607... mais, croyez-moi, le Forez, malgré les modernisations inévitables au cours des siècles, reste, pour moi, ce qui est le plus beau du reste des « Gaules ».

Andrézieux est mentionné déjà au Xe siècle sous le nom de *Villa Andrisiaci. Villa* signifiant « Domaine et exploitation rurale, avec ses fermes, ses terres et l'habitation du maître ». Il y eut même une occupation beaucoup plus ancienne, puisque, en 1969, au lieu-dit La Grand Cour, fut trouvé trace d'un habitant allant du mésolithique au néolithique et notamment un silex taillé datant d'environ 5000 avant J.C. Un sondage archéologique, en 1982, révéla une trace d'occupation gallo-romaine à Migalon, entre Andrézieux et Bouthéon.

Bouthéon est cité dans un cartulaire du XIe siècle, et son église est mentionnée en 1183. Au XIIe siècle, on trouve trace de la famille noble de Bouthéon, de nombreux propriétaires se sont succédés au château de Bouthéon.

En 1443, il appartint à Gilbert de La Fayette, l'un des compagnons d'arme de Jeanne d'Arc et ancêtre du fameux général, héros de l'indépendance américaine. Puis il passa, entre autres, aux mains de Mathieu de Bourbon, puis au connétable de Bourbon, qui fut accusé de trahison et dépossédé de tous ses biens. En 1561, le château devint propriété de Guillaume de Gadagne, riche banquier d'origine florentine, qui fit de la vieille forteresse de Bouthéon un magnifique château Renaissance. C'est à la famille de Gadagne que l'on doit l'instauration de la fête de la Rosière de Bouthéon. Mis à part le château, Bouthéon était une petite agglomération rurale, alors que sa voisine, Andrézieux, plus proche de Saint-Etienne, possédait un port sur la Loire qui voyait le départ des Rambertes, construites en amont, à Saint-Just-Saint-Rambert, et qui descendaient la Loire jusqu'à Roanne, chargées du charbon extrait à Saint-Etienne... Puis, lorsque la navigation commerciale disparut, tuée par le chemin de fer (le 1er chemin de fer de France fut construit entre Saint-Etienne et Andrézieux), Andrézieux devint un lieu de villégiature et de détente pour les Stéphanois.

Tout cela, nous allons le voir, grâce aux cartes postales et photos du temps passé.

Ce n'est que le 28 février 1965, que les communes de Bouthéon et Andrézieux fusionnèrent et formèrent la commune d'Andrézieux-Bouthéon.

Respectant l'ordre alphabétique, nous commencerons par Andrézieux, bien qu'au cours des siècles, Bouthéon eut une vie plus fastueuse. Au fond, ces deux petites agglomérations se complètent parfaitement : Andrézieux est à la fois industrielle et festive avec ses guinguettes, Bouthéon à la fois plus rurale et plus somptueuse avec son château Renaissance.

I

Andrézieux

« La petite diligence sur les vieux chemins de France/ S'en allait en cahotant/ Voyageurs toujours contents ». Bien que ce fût une « cinq chevaux », elle ne fonctionnait ni à l'essence, ni au gazoil... A la Gouyonnière se trouvait un relais de diligences pour les lignes de Roanne à Valence, de Montbrison au Puy ou de Lyon à Montbrison. Des bâtiments anciens existent encore à la Gouyonnière (commune d'Andrézieux-Bouthéon) qui firent probablement partie de l'important relais. Il faut remarquer, que, tout près, se trouve l'aéroport de Saint-Etienne-Bouthéon, si bien que la Gouyonnière reste un noeud de communication... même si les transports employés sont totalement différents. Cette photo fut prise par Pierre Berthon à l'aide d'un verascope Richard à plaques de verre.

Avant de vous présenter la Loire, les villages d'Andrézieux et de Bouthéon, je vous parlerai des deux rivières qui les baignent : l'une descendant du massif du Pilat, traversant Saint-Etienne, est le Furan, l'autre descendant des Montagnes du Soir, clair, champêtre, est le Bonson. Le Bonson descend des derniers contreforts des monts du Forez et a été, de tout temps, la promenade préférée des Andréziens : simples flâneurs, pèlerins (plus haut, en remontant son cours, on arrive à la petite chapelle romane de Notre-Dame-de-Bonson), pêcheurs à la ligne.

Il y avait le coin des laveuses, dont le linge, frotté, savonné sur les planches, sortes de caisses en bois où elles pouvaient s'agenouiller sans être sur le sol humide, avec un plan incliné sur lequel elles savonnaient et rinçaient à l'eau claire du Bonson, séchait ensuite sur une corde tendue entre deux piquets, où le linge claquait joyeusement au vent... combien le linge sentait bon, le foin, les fleurs ; comment vouliez-vous qu'avec de bons draps de coton, et même de chanvre, on ne dorme pas bien ?... Il faut remarquer, sur cette vue, que, pendant qu'à l'arrière-plan, les femmes travaillent, au premier plan, ces messieurs posent, bien habillés, avec chemise blanche, satisfaits de leur sort...

La deuxième rivière, le Furan, descend du massif du Pilat, claire, gaie, mais a la malchance de traverser Saint-Etienne, la grande ville, qui, après l'avoir fait travailler à tourner turbines et roues, a utilisé ses eaux pour la trempe des aciers et, pour finir, s'en est servi de tout à l'égout. Cela a duré longtemps, puis les hommes ont compris... bassins de décantation et filtres lui ont rendu ses eaux claires, sinon potables...

Andrézieux-Bouthéon avait, jadis, trois moulins sur le Furan : le moulin des Cibaudes, dont l'un des meuniers fut maire d'Andrézieux du 19 mars 1848 au 27 août 1865, son fils Pierre fut, lui aussi, meunier jusqu'en 1873. Puis ce fut Grégoire Vernay qui devint meunier, mais un meunier chercheur, bricoleur, qui, en 1887, eut l'idée d'utiliser la force motrice de son moulin pour actionner une dynamo Gramme. Et lorsque brillèrent, au moulin, une quarantaine de lampes Edison au filament de carbone, les paysans foréziens venus apporter leur blé au moulin, s'émerveillant, « *s'étonnèrent de ne pas voir le trou pour faire passer le feu* » comme l'eau dans un tuyau... A son tour, Joannès Bertholon fit installer une dynamo pour éclairer sa fabrique de lacets, installée à l'emplacement d'un autre moulin sur le Furens (ou Furan, les deux orthographes sont admises !).

Le moulin des Cibaudes brûla entièrement en août 1932. Je me souviens du tocsin, de mes parents partis précipitamment, me laissant à ma grand-mère... et toujours le tocsin, le tocsin et la grande lueur rouge que l'on voyait vers le haut d'Andrézieux. Il n'y eu heureusement aucune perte humaine, mais de la grande bâtisse de cinq étages, il ne resta plus rien, qu'une carcasse vide. Et, dans les années 1970, fut construit à l'emplacement du moulin des Cibaudes, le lotissement des Séquoias. Ci-dessus, on aperçoit le char chargé de sacs de farine et les trois chevaux attelés à la file. Ci-dessous, le retaillage des meules.

Ce bélier hydraulique, en forme d'obus, fut édifié en 1889, dans la ferme proche du moulin des Cibaudes. Il pompait l'eau dans le canal du moulin, et sans consommer d'autre force motrice que celle de l'eau, il la refoulait pour irriguer les prairies situées au-dessus du niveau du canal du moulin. Le mécanisme fut fabriqué par la Maison Léon Bollée, célèbre dans l'histoire de l'automobile en France. Il fonctionna jusque vers les années 1960, mais existe encore.

Le second moulin sur le Furan fut transformé en usine de textile. Ici, le bâtiment qui fut surélevé d'un étage sans que la fabrication s'arrête au rez-de-chaussée.

La fabrique sous ses deux aspects... Il n'y a pas si longtemps que le second moulin installé sur le Furan, à Andrézieux, a fermé ses portes. C'était alors une fabrique de lacets qui travailla jusqu'à une époque récente.

C'est peut-être la seule fabrique en France à avoir été surélevée d'un étage, sans arrêter le travail au rez-de-chaussée. Aujourd'hui, l'usine est fermée, mais elle reste vivante : plusieurs associations s'y sont installées, une troupe de théâtre et une télévision régionale : AB7. Quelques artisans ont leurs ateliers au rez-de-chaussée. La fabrique vit toujours, d'une autre façon...

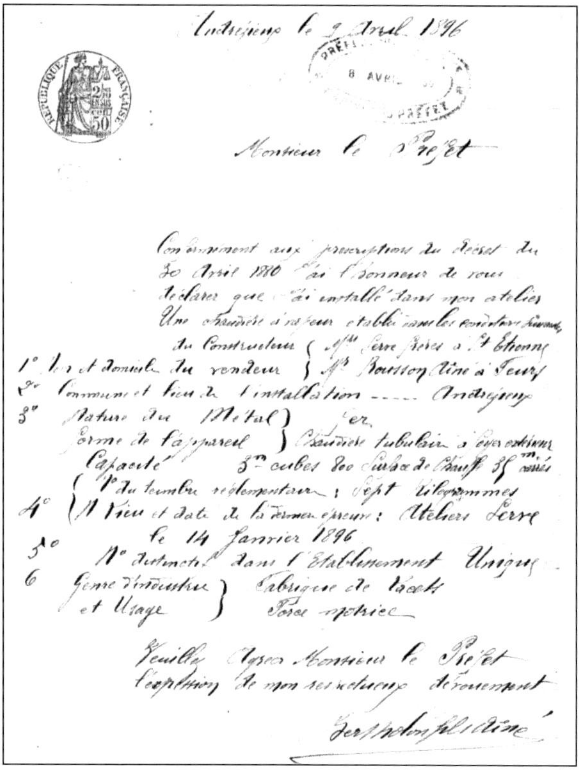

Andrézieux le 9 Avril 1896

PRÉFECTURE 8 AVRIL PRÉFET

Monsieur le Préfet

Conformément aux prescriptions du décret du 30 Avril 1880 j'ai l'honneur de vous déclarer que j'ai installé dans mon atelier une chaudière à vapeur établie dans les conditions suivantes

du Constructeur { Mrs Serre frères à St Etienne
1° Nom et domicile du vendeur } Mr Buisson Aîné à Feurs
2° Commune et lieu de l'installation ---- Andrézieux
3° Nature du Métal } fer
Forme de l'appareil } Chaudière tubulaire à [illegible]
Capacité 3m cubes 800 Surface de chauffe 35 m carrés
(Pre du timbre réglementaire ; Sept kilogrammes
4° (Lieu et date de la dernière épreuve : Ateliers Serre le 14 Janvier 1896
5° No distinctif dans l'Établissement Unique
6 Genre d'industrie } Fabrique de Lacets
et Usage } Force motrice

Veuillez agréer Monsieur le Préfet l'expression de mon respectueux dévouement

Bertholon fils Aîné

Déclaration de la pose d'une chaudière dans l'usine Bertholon fonctionnant jusqu'alors à force motrice de l'eau du Furan.

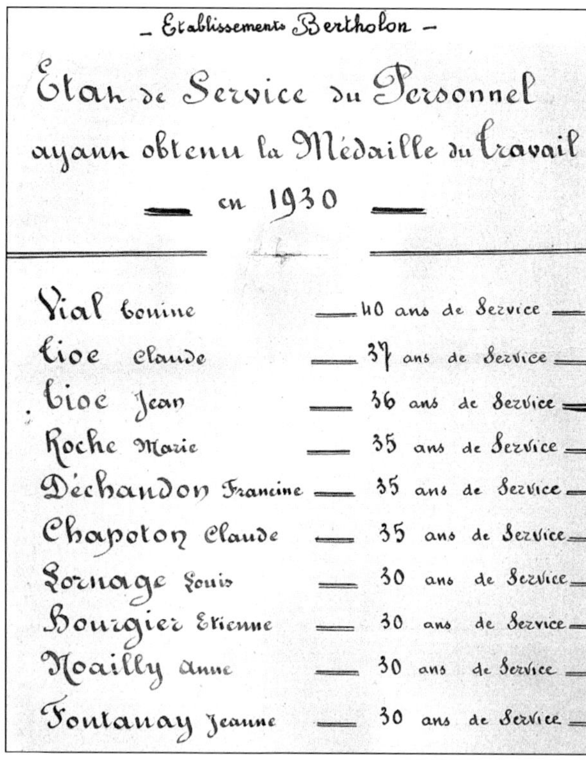

– Etablissements Bertholon –

Etat de Service du Personnel ayant obtenu la Médaille du Travail — en 1930 —

Vial Bonine	40 ans de Service
Lioe Claude	37 ans de Service
Lioe Jean	36 ans de Service
Roche Marie	35 ans de Service
Déchandon Francine	35 ans de Service
Chapoton Claude	35 ans de Service
Fornage Louis	30 ans de Service
Bourgier Etienne	30 ans de Service
Noailly Anne	30 ans de Service
Fontanay Jeanne	30 ans de Service

Ce ne sont que des noms... peut être oubliés... Mais ne méritent-ils pas d'être « ressuscités » en nos temps où la stabilité de l'emploi a presque disparu...

Le troisième moulin d'Andrézieux se trouvait dans le quartier de la Grand Cour, au bord du Furan : c'était « chez la Mathevote »... mais il fut transformé en canonnerie, fabrique de canons de fusils de chasse qui se confectionnaient à Saint-Etienne, toute proche. Cette carte postale montre l'usine Merley, avec, sans doute, monsieur Merley, Jean Marmont (son demi-frère), mais les personnages sont si petits...

Cette autre carte montre la « prise d'eau » sur le Furan, avec la fabrique au fond, à demi-cachée par les arbres.

Suivant le flot du Furan, nous voici arrivés à la Loire, notre plus long fleuve de France... peut-être le plus changeant, le plus capricieux, mais le plus beau. Il a encore gardé la fougue de sa jeunesse (le Gerbier-de-Jonc n'est pas loin) et pourtant dans la plaine du Forez, il commence à prendre, par endroit, l'allure nonchalante qu'il aura en Touraine. Il consent à travailler avec les hommes, mais aussi à jouer. Au début du XXe siècle, où nul barrage n'entravait son cours, il se prêtait aux promenades... (que ce soit à moteur, ou à rames).

La Loire n'était point réservée aux seules joies du dimanche, avec ses barques de promenade, ses joutes, ses pêcheurs à la ligne, ses guinguettes... Toute la semaine, les bords de Loire étaient animés par les travailleurs du fleuve... et aussi les travailleuses : les machines à laver n'existaient pas et c'étaient des laveuses qui occupaient les bords. Elles lavaient non seulement leur linge mais celui de la plupart des habitants et habitantes d'Andrézieux. Celle de ma grand-mère se nommait Rose, elle venait chercher le linge avec des grandes *balles* à linge, posées sur une brouette, comme celle que l'on voit ci-dessous, et le rendait le soir. C'était un travail dur, mais les langues marchaient autant que les mains, et, en général, n'engendraient pas la mélancolie... La vue ci-contre fut prise depuis le pont du chemin de fer d'Andrézieux, en direction de Saint-Just-Saint-Rambert.

1907. L'année commençait mal pour la Loire et pour le pont d'Andrézieux : un froid intense, en février, transforma le fleuve en une Neva glaciale. On m'a dit que certains l'avaient traversé à pieds secs... Il y a toujours eu des imprudents !...

Les beaux jours revenus, Andrézieux redevenait un lieu de promenade pour les habitants de la grande ville toute proche, Saint-Etienne. Les élégantes ont mis, ici, pour la circonstance, leur plus beau chapeau.

Le 17 octobre 1907, une crue énorme ébranla la pile centrale du pont suspendu faisant soulever le pont lui-même. Quelques jours après, l'affaissement de la pile s'accrut et le tablier toucha presque le fleuve...

L'entrée du pont, côté Andrézieux. La petite maison qui abritait jadis le gardien du pont a été évacuée... Cela faisait déjà bien longtemps que le péage avait été supprimé pour traverser...

Déjà, lors de l'établissement de la route départementale de Montbrison à Saint-Etienne par la Gouyonnière, il fallait franchir la Loire. Montbrison était alors préfecture de la Loire, en 1818. La route était donc importante et traversait la Loire à Andrézieux, grâce à un bac à traille. Le pont suspendu d'Andrézieux fut édifié entre 1829 et 1831... On revenait quelque 76 ans en arrière... C'était une habitude à reprendre.

Bien sûr, les dégâts de l'inondation du 17 octobre 1907 ne se bornaient pas à Andrézieux... De l'autre côté de la Loire, se trouve le petit bourg de Saint-Cyprien, et pour y accéder, cela ne devait pas être facile, si l'on en croit l'aspect de la route.

Il fallait parer au plus pressé, et un pont ne se refait pas en un mois. On rétablit donc le passage à l'aide de bacs, dès que la Loire fut un peu calmée.

Il n'y eut pas que le pont détruit le 17 octobre 1907, la route de Saint-Etienne s'est affaissée, et l'on ne voit plus que le toit de la guinguette du petit port. Lors de la prise de ces photographies, la Loire avait déjà baissé. Ce fut une catastrophe pour Andrézieux et cela lui donna un attrait un peu morbide qui amena quantité de gens venant contempler le désastre.

Nous avons retrouvé des cartes postales, envoyées par une habitante d'Andrézieux. C'est un véritable reportage : « *Cher Joseph, Nous t'envoyons les cartes réclamées : tu jugeras du désastre. Hier, dimanche, il y avait plus de 10 000 personnes à Andrézieux, venues des départements voisins, entre autres beaucoup de Lyonnais. Il y avait des trains supplémentaires, et de la Renaudière (gare) au pont, ce n'était qu'un long défilé... sans compter le monde à Andrézieux-gare. Le chef de gare de la Renaudière perdait la tête, et recevait les billets dans son chapeau... et tous ceux qui ont sauté les barrières, les buissons, même que c'en était effrayant, une vraie invasion... Je t'assure que les cafetiers ont rattrapé les pertes qu'ils avaient faites... Plus de pain, plus de rien, non, tu ne peux croire ; nous sommes allés chez le Jay, nous sommes revenus fourbus, n'en pouvant plus. Impossible de se faire un passage, et avec tous ces cailloux amoncelés, on marchait difficilement. Nous nous sommes penchés sur le balcon d'où l'on voyait sur la route comme si l'on y était, puisqu'il n'y a plus de murs. Je ne te parle pas du nombre de visites reçues ; chacun faisait sa réflexion et je regrette vraiment que tu ne puisses voir le pont : c'est superbe dans son désastre. Maintenant que la Loire roule à plein bords et qu'il n'y a plus de pont, on traverse avec des bateaux au-dessus du Bonson. Non, tu ne peux croire à pareille affluence... Nous sommes bien affairés avec toutes nos visites...* ».

Il y eut plusieurs trailles établies rapidement. Celle-ci était en aval du pont détruit.

Voici les débuts de rétablissement du pont. On dirait un jeu de construction !

De nombreux ouvriers s'affairaient à la construction de ce nouveau pont, d'un intérêt vital pour la région. Ce fut un énorme chantier pour l'époque et je ne sais combien de cartes et photos furent prises à l'occasion de la construction de cet ouvrage, qui existe toujours, a même été élargi et supporte un énorme trafic.

Ce devait être un chantier « à la pointe du progrès » à l'époque, car on employait de drôles d'engins comme ici... Est-ce une bétonnière ?... un bathyscaphe ou un sous-marin de poche ?

Malgré les travaux du pont, la pêche continuait, que ce soit pêche à la ligne, ou, comme ici, la pêche à l'épervier, cet espèce de filet de forme conique, lesté de plombs. C'était tout un art que de savoir le lancer... et nombreux sont ceux qui, en l'essayant, se sont retrouvés dans l'eau et dans le filet.

Et voici le pont, en 1938. Il n'a guère changé depuis sa construction, sinon qu'il fut élargi à cause de l'importance du trafic routier.

Etienne Forissier, le pêcheur à l'épervier, vivait des fritures qu'il attrapait et vendait aux restaurants du coin... A l'époque des basses eaux, le bateau était lourd à tirer. Mais c'était un métier libre, en contact avec le fleuve.

La drague, ce monstre ancré au milieu du fleuve et qui rugissait, cliquetait, gémissait, me faisait une peur « bleue »... Il faut dire que le père Landy, sur la place de la Bascule, qui tenait une petite ferme, grand et sec, toujours vêtu de « Lafond » noir, avait perdu un bras, arraché par la drague, et la manche vide de sa veste flottait au vent. Etant toute petite, j'assimilais la drague à un dragon, un monstre qui mangeait les gens...

Heureusement, pas tous n'avaient un tel mauvais sort, puisque le grand-père, et l'arrière-grand-père de madame Forissier avaient toujours travaillé sans accident à la drague... Mais que cet engin était bruyant !

Ainsi que vous le voyez sur ces cartes postales, que ce soit l'ancien ou le nouveau pont, ils ont, tous deux, connu la drague. L'espèce de grue, sur la rive, était montée sur rails et chargeait les wagons du train du sable. L'extraction du sable a dû s'arrêter lors de la mise en marche du barrage de Grangent, en amont d'Andrézieux, à quelques kilomètres. Une centrale électrique y étant associée, les vannes pouvaient être lâchées à tout moment, rendant la navigation et l'extraction du sable trop dangereuses.

Si, la semaine, la Loire était le domaine des travailleurs du fleuve, le dimanche, elle devenait celui des promeneurs et des jouteurs... Oh, pas les joutes avec chevaux, cavaliers bardés de fer. Ici, les chevaux étaient remplacés par des barques munies d'un tremplin où se tenaient les combattants, munis d'une lance de bois, et d'une sorte de bouclier, sur lequel l'adversaire, équipé de la même façon, monté sur la barque adverse, devait pousser afin de faire choir son vis-à-vis. Bien sûr, il y avait de nombreux bains, des cris, des rires, parfois une fanfare qui rythmait l'action. Chaque village du bord de Loire devait avoir son équipe de jouteurs, qui avait sa propre bannière décorée de ses armes. Ces rencontres donnaient lieu à de véritables fêtes à Andrézieux pour accueillir les participants.

Qui sait jusqu'où pouvait aller la Loire capricieuse ?... On comprend que les mariniers tenaient à la protection de leur bouteille religieuse. Superstition ?... peut-être... mais il suffit de se rattacher à une croyance pour venir à bout des obstacles.

« La bouteille des mariniers », qu'ils emportaient avec eux en signe de protection lors des descentes périlleuses de la Loire. Il s'agissait, en général, de bouteilles de sirop, de médicaments, qu'à l'automne, les colporteurs ramassaient, vides, les garnissant pendant l'hiver de sujets religieux, et ramenaient avant la date des descentes sur la Loire.

Vers le pont routier sur la Loire, se trouvaient les quais où le sable dragué dans la Loire était déposé, puis chargé, à bras, dans les wagons.

L'un des derniers témoignages de la Marine de la Loire : un anneau d'amarrage d'une ramberte, barque à fond plat où l'on transportait le charbon jusqu'à Roanne (ou plutôt, deux parmi tant d'autres moins visibles).

En 1820, Beaunier et Gallois fondèrent une société qui adressa le 5 mai 1821, au gouvernement, une demande de concession d'un chemin de fer de Saint-Etienne à Andrézieux, où se trouvait le port fluvial, d'où la houille, extraite du bassin de Saint-Etienne, partait sur la Loire, jusqu'à Roanne. Cette concession fut accordée le 26 février 1823 par ordonnance du roi Louis XVIII. Malgré la mauvaise volonté des propriétaires terriens, expropriés pour le passage des rails, la ligne fut construite entre 1824 et 1827. Le coût total de la construction atteignit 1 784 000 francs. Ce premier chemin de fer, dont les rails s'appelaient des « barreaux », les wagons des « chariots », et les trains des « convois », avec des rails de fonte sur coussinets reposant sur des dés en pierre, et des chariots en bois avec roues en fonte, fut ouvert à l'exploitation fin mai 1827. Il ne transportait, à l'aller, de Saint-Etienne à Andrézieux, que du charbon, et au retour, des pierres, de la chaux de Sury, du sable de la Loire, des bois de mine. La traction s'opérait au moyen de chevaux, répartis entre quatre relais : Andrézieux, La Rajaillière, Mont Ravel, Les Mottetières (à l'emplacement des anciens abattoirs de Saint-Etienne).

Les voyageurs purent emprunter cette ligne, pour la première fois, le 1er mars 1832. La voiture à chevaux prenait les voyageurs de la place de l'Hôtel de Ville jusqu'à la gare de Saint-Etienne, aux Mottetières. Elle était ensuite débarrassée de ses roues, enlevée par une grue et placée sur une plate-forme wagon. L'opération inverse s'effectuait à Andrézieux et la voiture, ayant retrouvé roues et chevaux, continuait jusqu'à Montbrison. Les locomotives ne furent employées qu'à partir de 1844. Lorsque le chemin de fer d'Andrézieux, ainsi que les deux autres chemins de fer de la Loire, Saint-Etienne-Lyon et Andrézieux-Roanne, furent vendus, en 1852, à la Compagnie Rhône et Loire, qui elle-même la céda au Grand-Central, pour, en 1857, la regrouper dans la Compagnie PLM, la ligne fut refaite sur tout le parcours et établie sur deux voies. En 1863-66, on construisit la ligne Andrézieux-Montbrison. La gare actuelle fut alors construite en 1865, et l'ancienne gare, qui existe encore boulevard Jean Jaurès, fut abandonnée. Jusqu'aux années 1970, subsistait encore « la voie du sable » qui suivait le tracé de la première ligne de chemin de fer de France. Ci-dessus, pose de la plaque commémorative de la gare du premier chemin de fer français.

Oui, la première gare du premier chemin de fer de France était là... Le bâtiment existe encore, rénové, portant fièrement une plaque commémorative de l'événement... Quant aux voies basses, il y avait la ligne « de la voie du sable » qui ramenait vers la nouvelle ligne et la ligne de Saint-Etienne-Bonson-Montbrison (voies hautes) le sable dragué dans la Loire par le bateau-drague, et la drague-grue du bord de Loire. « La voie de sable » a disparu, à la place se trouve un dépôt de matériaux de construction.

Si la première ligne de chemin de fer d'Andrézieux et la première gare se trouvaient le long de la Loire, qui était, en somme, le terminus, bien vite d'autres lignes s'ouvrirent à la circulation : Saint-Etienne-Lyon, puis Andrézieux-Roanne. Les lignes furent refaites à deux voies, au lieu d'une seule.

On édifia donc une nouvelle gare, au-delà du Furan, tandis que la première gare, sur les voies basses, était abandonnée. Et pour rejoindre Montbrison, il fallait traverser la Loire et l'on construisit le viaduc sur la Loire qui existe encore.

Dernier regard sur la Loire, sa drague et la petite pêcheuse au bord de l'eau...

La guinguette du bord de l'eau où fut tournée, il y a déjà pas mal d'années, une séquence pour « *Aujourd'hui madame* » intitulée « *Histoire d'une rue sans histoire* ». Outre la séquence de la guinguette au bord de l'eau, la majorité des scènes fut tournée dans le quartier de la Grand Cour à Andrézieux. Cette guinguette se trouvait tout au bout du boulevard des Acacias, à gauche, au pied du pont, et datait du siècle passé. Elle était proche de la première gare du premier chemin de fer. C'était le « petit port ».

Combien le boulevard des Acacias embaumait, au printemps, lorsque tous les arbres étaient en fleurs ! Tout au long, s'alignaient des cafés, des guinguettes, toujours fréquentés, qui la semaine, qui le dimanche, car, à gauche du boulevard, derrière les maisons, se trouvait « la voie du sable » et son terminus, où se chargeaient les wagons... Le dimanche, c'était les Stéphanois qui venaient musarder sur cette rue qui conduisait au pont, à la Loire et venaient manger la friture...

Patrons, serveuses, clients, tous se sont rassemblés sur le boulevard des Acacias.

L'avenue des Acacias, qui aboutissait au pont. Le restaurant Dussert paraît triste, et pourtant, combien il était agréable d'y venir manger. Où est-il ce temps ? Il y avait, dans le jardin, un jeu de boules qui attirait bien des amateurs, à la belle saison.

Tout le personnel de l'hôtel du Pont est sorti pour vous recevoir. Cuisinière, serveuses, la patronne et ses enfants attendent votre visite.

D'un fleuve à l'autre, d'un pont à l'autre, que ce soit le pont sur le Furan ou celui sur la Loire, en ce début du XXe siècle, il y avait toujours du monde pour poser sur la photographie... Mais ainsi, on peut suivre l'évolution de la mode, que ce soit celle de tous les jours (ci-dessus), sur le pont du Furan, ou celle du dimanche (ci-dessous), sur le pont de la Loire, vers le restaurant Begon et Les Tonnelles (la guinguette). Ci-dessous, on remarque, à droite, l'entrée de l'un des « châteaux » : belles demeures bourgeoises que les familles aisées de Saint-Etienne faisaient construire. Ici, il s'agit de la villa Blachon, co-fondateur avec Etienne Mimard de la manufacture d'armes et cycles de Saint-Etienne, devenue Manufrance.

Quittons la Loire et ses bords pour visiter la « ville » d'Andrézieux. Deux bâtiments d'Andrézieux, qui n'ont pas grand chose en commun, sinon leur situation, dans les hauts d'Andrézieux, et sur des routes presque parallèles... et puis aussi, peut-être, un peu leur aspect de bâtisse carrée, solide. Ci-dessus, la gendarmerie, où Louis Péchadre était gendarme. Ci-dessous, sur la route de l'Hospice, l'hospice lui-même tenu par des religieuses de Saint-Vincent-de-Paul à la grande cornette blanche. La gendarmerie a été transportée au nouveau quartier de la Chapelle et l'hospice a été entièrement reconstruit ; il est devenu une moderne maison de retraite.

Le carrefour de La Chaux, au croisement des routes Andrézieux-Bouthéon et Montbrison-Saint-Etienne. De nos jours, aucune vache, si téméraire soit-elle, n'oserait s'aventurer sur ce carrefour... même réglementé par des feux...

Tout près de la gare d'Andrézieux se trouvait la fromagerie Peyret... Bières, limonades, eaux minérales Parot de Saint-Romain-le-Puy, de Saint-Alban-les-Eaux (près de Roanne). Il y a, dans la Loire, de nombreuses sources d'eaux minérales : Montrond, Saint-Galmier... Beaucoup ont disparu, certaines noyées lors de l'édification du barrage de Villerest. Cette rue de la Gare descendait vers la place de Forez, après avoir traversé le Furan. L'avenue de la Gare et le pont sur le Furan sont visibles ici.

La Madone d'Andrézieux se dresse, au bord de la route de Montbrison, à peu près à mi-chemin entre l'église Sainte-Agathe actuelle, au bourg, et la petite chapelle du cimetière, qui fut la première église d'Andrézieux. Elle fut, dit-on, élevée par l'un des constructeurs du nouveau pont qui craignait de voir son ouvrage emporté par une crue, et qu'il y ait des accidents corporels. Jadis, lors des processions de la Fête-Dieu, on y montait en cortège... Mais, de nos jours, il a fallu éloigner la Madone du bord de la route et pratiquer un passage souterrain pour les piétons, tant la circulation automobile est importante.

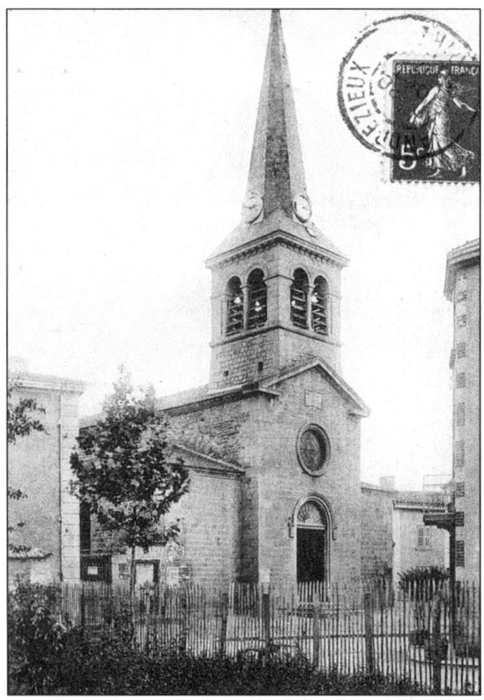

A gauche, la première chapelle d'Andrézieux. Elle se trouve dans le cimetière actuel, en haut de « la montée de la Madone ». Elle servit longtemps d'église pour Andrézieux, sous le vocable de Sainte-Agathe, reporté par la suite sur l'église actuelle. La chapelle, restaurée en 1681, était vénérée par les *gates* (les gitans en Forez). A droite, l'église actuelle d'Andrézieux. Elle fut édifiée entre 1840 et 1843, et le clocher terminé en 1849.

L'intérieur de l'église d'Andrézieux a bien changé. Elle était peinte et possédait des vitraux très colorés, représentant la Vierge, Jésus, et quelques saints, dont la patronne de la paroisse, sainte Agathe. Ils étaient l'œuvre d'un peintre vitrailliste local, Mauverney, un peu naïfs, portant la dédicace des familles qui les avaient offerts. Ils furent remplacés par des vitraux modernes, non figuratifs... Et puis, tout récemment, l'église fut de nouveau transformée : on supprima les piliers, la chaire, les statues...

24 juillet 1947, un mariage sort de l'église d'Andrézieux. Les petites demoiselles d'honneur, Paulette et Annie, tout le cortège sourit, seul le marié a l'air sérieux. C'est un ancien marin, qui a bourlingué sur toutes les mers du globe ; pensait-il avoir trouvé un port d'attache ? Cela fait 51 ans que cela dure.

L'ancien coq du clocher de l'église d'Andrézieux fut descendu de son perchoir en 1997, lors des travaux de réfection de l'église. Il avait été posé en 1850, Claude Duport étant alors maire d'Andrézieux. L'église avait été édifiée entre 1840 et 1843, mais le clocher ne fut construit qu'en 1849, et le coq posé en 1850. Il mena une vie tranquille pendant près d'un siècle... mais, en 1944, une échauffourée opposa résistants du maquis et soldats allemands et le coq fut traversé par deux balles de fusils Mauser 8 mm. Il était en cuivre rouge et est devenu verdâtre par l'oxydation du temps. Il fut remplacé par un autre, brillant comme de l'or, et servant, comme son prédécesseur, de girouette.

Télégraphe, poste, téléphone, voici la première poste d'Andrézieux, tout près de l'église... Depuis, elle a déménagé mais vient, ces jours-ci, de revenir à proximité de son premier emplacement.

La rue de l'Eglise, comme son nom l'indique, menait de la place du Forez, à l'église. Le Grand café, à l'angle, avait un piano mécanique, qui faisait la joie des clients.

Faisons le tour de la place du Forez. Il n'y a pas grand monde, mais cela nous permet de deviner, au bout du triangle de la place, au milieu des arbres, la croix des Processions. On y dressait un reposoir et on y venait en cortège depuis l'église, lors des Fêtes-Dieu, suivant le prêtre qui portait un ostensoir, sous un dais tenu par quatre porteurs, et suivi par une foule de fidèles. A cette occasion, on décorait les maisons de linges blancs, garnis de fleurs. Suivant le prêtre ou le précédant, des enfants jetaient des fleurs récoltées chez les fidèles... Au milieu, on aperçoit la pompe publique, bizarrement surmontée de potelets électriques. Continuant le tour de la place, se trouvait, en haut, à droite, une boucherie ancienne à la devanture ouvragée, peinte en rouge, bien sûr, où l'on pouvait voir les quartiers de viande suspendus à des crocs de bouchers, puis une pharmacie, et, enfin, le Grand hôtel du Centre.

Le marché, place du Forez. Malheureusement, ces deux cartes ne sont pas très bonnes, et rendent très imparfaitement l'atmosphère du marché de jadis... Les produits allaient directement du producteur au consommateur. Beurre, œufs et fromages étaient apportés par les paysans des alentours, et de grandes *balles* (corbeilles d'osier) de légumes par les « Saint-Rambert », jardiniers cultivateurs de légumes venant de la commune voisine, Saint-Rambert-sur-Loire. Le marché était un lieu de rencontre, où l'on échangeait les nouvelles du coin... Dans le haut de la place, se tenaient des marchands de tissus, de tabliers, de chemises et même de « Lafond », ces vêtements de coutil bleu, inusables ou presque, que les hommes portaient pour le travail. Parfois, aussi, on vendait de ces « costauds », pantalons de velours à côtes, des vestes, avec une poche dorsale, un peu comme les vestes de chasse.

Quittons la place du Forez, non sans saluer au passage les grands magasins du Bon Marché, à droite, derrière la charrette, et prenons la rue M. Girinon qui nous mène vers la place de la Bascule, à la Grand Cour...

Si, partant de la place du Forez, nous suivions la rue des Bouchers, puis tournions à droite, nous arriverions à la première école d'Andrézieux. Elle existe toujours, mais l'enseignement est maintenant donné dans des groupes scolaires, collèges et lycées. Ces petits écoliers de jadis, avec cape et casquette, sont évocateurs de l'école de Jules Ferry... A gauche, on remarque l'un des portails d'entrée du château Marthourey devenu un parc public.

Certains se sont attardés en route, au bureau de tabac qui vendait aussi des bonbons ou des petits jouets en bois.

Un aspect de la rue des Bouchers... Et pourtant, je ne vous montrerai pas un seul boucher, mais un charcutier, avec ses saucissons, encadré par le bureau de tabac et une grande maison sombre, plus loin, où se trouvait la boulangerie Saint-Lager, dont le pain était si bon. En face du bureau de tabac, il y eut un grainetier... plus loin une ferme... Si les trois premiers commerces subsistent, avec d'autres noms, il n'y a plus de ferme... Le bureau de tabac éditait lui-même ses cartes postales.

Un peu plus loin, toujours rue des Bouchers (au fait, combien y en avait-il dans cette rue ?), il y avait d'abord la charcuterie, un peu plus loin, en face, du côté droit, se trouvait la boucherie France et encore plus loin, à l'angle, la boucherie-charcuterie Chanavat. Dans cette rue, se trouvait également l'entreprise Vietti, plâtrerie-peinture. Vous pouvez voir la famille Vietti-Bonis, avec « Joseph » (le cheval), Jean et Marcel Berlier, madame Marietta et Constant... Mais qui est qui ?

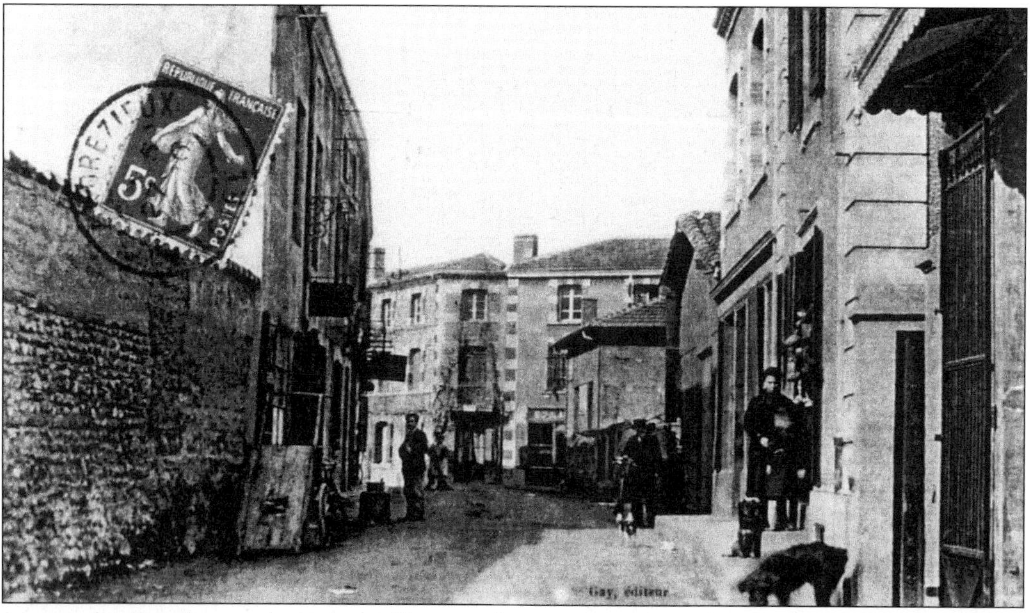

La rue des Bouchers... A droite « L'espagnol », comme nous disions. Le marchand était-il espagnol ? En tout cas, il vendait des fruits exotiques pour l'époque (citrons, oranges, ananas, dattes, figues...). En face, se trouvait la droguerie et, au fond, la boucherie Chanavat, une boulangerie et, à l'angle de la rue des Ecoles, la quincaillerie Bonnefoy.

Se greffant sur la rue des Bouchers, la rue des Ecoles... et son groupe de sages petits écoliers rassemblés autour du « géant d'Andrézieux », devant la quincaillerie Bonnefoy, dont le propriétaire fut tué en 1944 lors d'une escarmouche entre le maquis et les troupes allemandes.

Quittant le village, traversant la Loire, voici le restaurant Begon où eut lieu, entre autres, le repas de mariage de l'auteur en 1947.

La guinguette des Tonnelles où l'on pouvait louer des barques (tant pis pour les longues robes). Tout cela a disparu, la guinguette, démolie depuis longtemps, de même que l'hôtel Begon (transformé en discothèque).

Ancien hôtel-restaurant Begon avec le mariage Jacques Robin et Marie-Louise Laspoussas, le 24 juillet 1947. Le repas de midi avait rassemblé 36 personnes. Il faisait une chaleur épouvantable, le goudron de la route fondait... Les convives étaient venus depuis l'église jusqu'à l'hôtel, de l'autre côté du pont... L'après-midi, on fit de la barque sur la Loire... Le soir, le nombre des invités avait doublé, le mariage ayant eu lieu un jour de semaine et beaucoup d'invités n'étant libres que le soir... Le lendemain, les mariés ont embarqué pour la Corse.

L'hôtel Vercheron, route de Montbrison, a tellement changé. Admirez la voiture ! Maintenant cette route est constamment sillonnée de camions, de cars, de voitures... C'est la route Nationale de Montbrison.

La bascule du pont, près du petit port, a beaucoup servi : sables extraits de la Loire, matériaux divers. C'était la plus ancienne d'Andrézieux ; elle était au bas de la route de Montbrison.

La place de la Bascule ex-La Grand Cour, ex-place des Tachonnes, devenue place Jean Simand. La bascule pesait tout : charbon, sable, bestiaux... et même les gens ! Un jour, lors de la foire aux cochons gras, aux alentours de Noël, l'un des paysans paria qu'il pesait plus lourd que son cochon. Pari tenu, il passa sur la bascule. Et bien, il gagna et tout le monde partit arroser ça dans l'un des cafés de la place. Ici, sur la photo, on ne voit guère la bascule, car c'était jour de fête, en juin ou juillet 1930, et des voitures étaient garées sur la place.

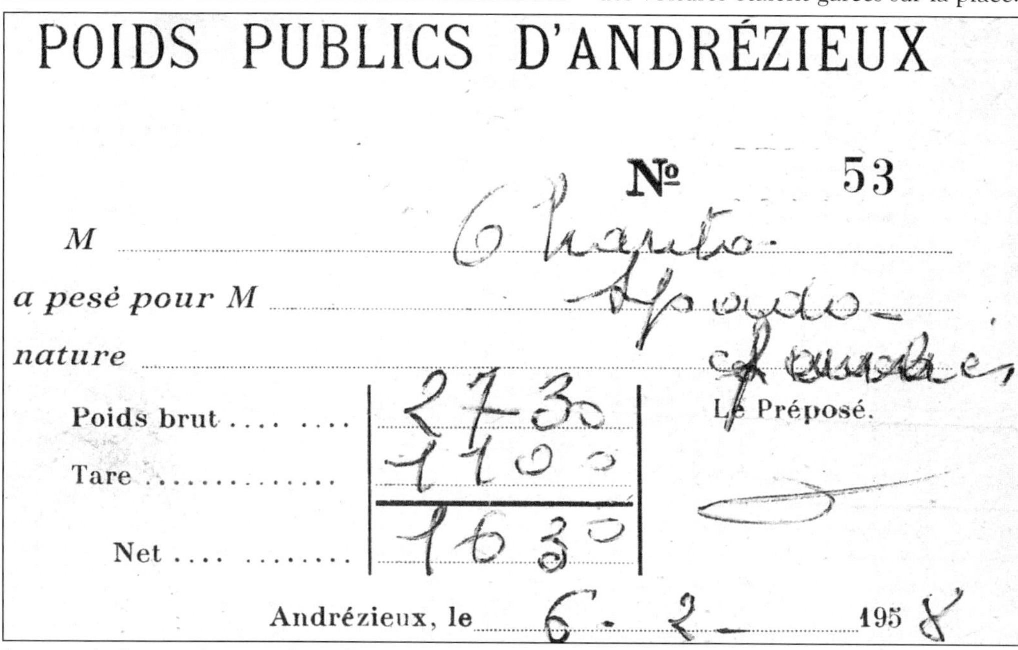

POIDS PUBLICS D'ANDRÉZIEUX

№ 53

M [illegible]

a pesé pour M [illegible]

nature [illegible]

Poids brut 2730

Tare 1100

Net 1630

Le Préposé.

Andrézieux, le 6-2- **195**8

Le grand plateau de cette bascule procurait à tous les enfants du quartier une aire de jeux. En se mettant au milieu, les jambes bien campées, on donnait un mouvement de balancement qui vous berçait. L'un des gosses participant, voulant ramasser quelque chose, laissa un doigt entre balance et encadrement... Il y eut des cris, des pleurs, mais ce n'était pas trop grave et les parents interdirent ce jeu...

Une aubade en pleine rue, devant l'école Jeanne d'Arc, qui fut ma première école. Je devais avoir 2 ou 3 ans... et comme alors, il y avait des prix en fin d'année scolaire, j'avais eu le prix de « persévérance et bonne volonté ». Sans doute, ne savait-on pas quoi me donner ! et il ne fallait pas de jaloux.

Une course se prépare à l'angle de la place de la Bascule et de la rue M. Girinon qui mène à l'école Jeanne d'Arc. Dans le coin droit, en bas, on aperçoit la ferme Landy et la maison de la « mémé » Girard, grand-mère de plusieurs des enfants de la place.

Venant de la rue d'Urfé, arrive un cortège fleuri et pittoresque... La photo a été prise le dimanche 1er juin 1930 et c'est la fête du Centenaire de l'érection en commune de la ville d'Andrézieux. Il doit s'agir du char des Pompiers, si l'on se réfère à celui qui est à côté du véhicule.
Le quartier de la Grand Cour est l'un des plus anciens d'Andrézieux puisqu'il fut trouvé dans son sol un silex tardénoisien datant d'environ 5 000 ans avant J.-C. et des fragments de céramique noire pouvant dater de l'âge de bronze.
Ce quartier, comprenant la rue d'Urfé, la place de la Bascule, la rue du Furan, la rue Marcellin Girinon, était une entité où tous se connaissaient plus ou moins et formaient une grande famille.

Le laitier, monsieur Juban, passait chaque matin, apportant le bon lait *bourru*, tiré de frais, aux deux épiceries de la place Jean Simand, chez Juliette Perrin et chez Thievant (puis Royet, puis Thivillon). Seule demeure encore la petite épicerie-buvette de Marie-Jo Thivillon... Bien sûr, les clientes attitrées venaient vers la camionnette du laitier pour remplir leurs *biches* à lait personnelles. Ce doit être Monette, la fille de madame Morel, qui fait sa provision ci-dessous.

Les deux doyennes du quartier se sont retrouvées et installées sur le banc sous le tilleul, où elles égrènent leurs souvenirs. Mesdames Velay et Riboulon n'engendrent pas la mélancolie. Le pêcheur ne les voit même pas, pressé d'arriver à la Loire, à quelques centaines de mètres de là... il ne manque que monsieur Royet, le menuisier, qui venait se reposer sur ce banc et avec qui tout le monde bavardait.

Voici « Bijou » et son maître, Tintin. L'entendez-vous crier « *Peaux de lapins. V'là le patère, j'achète tout : pias, nippes, peaux de lapins....* ». Jadis, beaucoup de gens élevaient des lapins et lorsqu'ils les sacrifiaient, ils retournaient les peaux, les bourraient de paille et les faisaient sécher. Elles étaient récoltées par le patère qui les portait aux chapelleries de Chazelles où les poils des lapins servaient à faire des chapeaux, dont les célèbres Mossant. A l'arrière-plan, on aperçoit la maison du jardinier-fleuriste, monsieur Bouchet.

Toujours place de la Bascule : l'alambic. La goutte est-elle à point ? L'alambic s'est endormi, il y a déjà bien des années. Le privilège s'est perdu... Et oui ! malgré l'abolition des privilèges, il y a deux siècles, il en fallait encore un pour distiller les grappes qui avaient été pressées pour faire le vin, mais qui gardaient encore assez de suc, pour, une fois passées à l'alambic, donner de la gnole, que certains goûtaient toute chaude. Inutile de dire que lorsque l'alambic était sur la place de la Bascule, le quartier était animé et les gens plutôt gais !

Avant de distiller, il faut tout d'abord vendanger... Le père Begon a attelé ses vaches « Bicyclette » et « Marguerite » et est allé donner un coup de main à sa voisine... Il y avait encore pas mal de vignes dans la région mais l'épidémie de phyloxéra en détruisit la plus grande partie.

Les Cycles Bourget se situaient place de la Grand Cour. A gauche du magasin, se trouvait un petit café tenu par madame Bourget où les clients pouvaient venir en attendant que la réparation soit faite. En outre, monsieur Bourget assurait le service des poids publics, la Bascule. Son successeur, monsieur Begon continua les mêmes activités. A la place des cycles Bourget, s'établit une épicerie tenue par Juliette Perrin. C'était également « un des derniers salons où l'on cause ». Elle avait reserré les liens du quartier qui devint orphelin lors de sa disparition. A sa place se trouve maintenant le salon de coiffure Maryse.

« Andrézieux, avec son port sur la Loire, se devait d'avoir une corderie, nécessaire à fournir toutes sortes de liens à base de textiles : sisal, aloès, chanvre, depuis la ficelle à saucisson jusqu'au filin (gros câbles carrés) en passant par la longe, la corde à sommier, le bitord, la filasse, etc. et bien sûr, les amarres pour les bateaux. Une corderie existait, rue de l'Hospice à Andrézieux : la corderie Pétrus Murigneux, qui, en 1934, fut achetée par monsieur Réméniéras et son épouse. En 1942, la corderie fut reconstruite avenue de Saint-Etienne. Toute la famille mettait la main à la pâte. Pourtant le travail était dur, car aux cordages, s'ajoutait le câble d'acier, et, faute de machine, le câble était coupé « à la tranche » et les boucles épissées à la main. Le travail n'était pas facile, faute de machines... Les cadences étaient néanmoins différentes. Les affaires entre artisans se traitaient souvent au café... On prenait le temps de vivre.(...) On introduisit des machines, presse, détrempeuse, de nouvelles méthodes, de nouveaux produits, tout en continuant cependant les épissures faites à la main. Si, en cordage, le chanvre est toujours employé, l'aloès est supprimé et remplacé par le nylon, le polypropylène ». (Renseignements fournis par Antoinette Cande-Réméniéras). Admirez le facteur avec sa « boîte » ouverte ! Il était arrivé juste à temps pour la photo...

La corderie Cande-Réméniéras. Ci-dessus, madame et monsieur Réméniéras et... leur chat.

La verrerie d'Andrézieux fut, en son temps, la plus moderne d'Europe. Fondée en 1881 pour la fabrication des verres de couleurs, elle avait aussi un four pour verres à vitres et de couleurs de 10 creusets et employait 100 ouvriers. Une grève immobilisa la verrerie en 1890, puis une seconde en 1899.

Les firmes de maîtres verriers se succédèrent à Andrézieux : monsieur Pelletier, le fondateur, fut suivi de Saumont et Gendre, Souteyran-Saumont, Valentin Mesmer. La firme Mesmer devint la Compagnie industrielle de verreries à vitres. En 1892, on avait établi deux fours à bouteilles. En chômage de 1904 à 1915, cette verrerie se spécialisa en verres photographiques pour l'armée, puis en verres à vitres. Le 5 mars 1919, un incendie arrêta son fonctionnement.

Après réparation, on fabriqua le verre cathédrale, les verres armés, striés, martelés. Mais, le 14 février 1921, un nouvel incendie détruisit en partie les bâtiments. En 1923, on y installa un procédé tout moderne, le procédé Foucault, qui consistait à étirer mécaniquement le verre entre des rouleaux d'amiante et à supprimer, ainsi, le soufflage, le fendage et la recuisson. Très vaste, cette verrerie occupa jusqu'à 400 ouvriers.

Etre maître verrier, c'était déjà presque un titre, puisqu'un gentilhomme pouvait, sans déroger, pratiquer cet art...

Si la verrerie d'Andrézieux a éteint ses foyers depuis fort longtemps, tout près, à Saint-Just-sur-Loire, existe encore une verrerie spécialisée dans les verres de couleur pour vitraux. On peut encore la visiter et, bien que moderne, on y retrouve un peu les gestes des ouvriers de jadis. Malgré la modernisation, le travail y semble encore pénible.

En 1923, un souffleur de vitre arrivait à gagner 1 600 francs (de l'époque) par mois. Dans la verrerie à bouteilles, les salaires étaient de 30 francs par jour. Dans le verre blanc, ils variaient de 25 à 40 francs par jour.

Le père de madame Rousson, née Thiévant, a été recruté, à la fin du siècle dernier, par un maître verrier d'Andrézieux, venu embaucher de la main-d'œuvre en Suisse. Habitant une région montagneuse, monsieur Thiévant vint travailler à la verrerie d'Andrézieux. Voyant que le travail était plus rémunérateur que dans son village, en Suisse, il fit venir sa famille à Andrézieux. Ses descendants habitent toujours la commune. Ci-contre, les souffleurs.

Transformés en tannerie avant la Seconde Guerre mondiale, les bâtiments de la verrerie d'Andrézieux servent maintenant de dépôt pour les bois de la Maison Scibour. Au premier plan, devant l'ancienne verrerie, ce n'est pas un chemin ordinaire, mais le tracé de la voie du premier chemin de fer de France que l'on voit. En face, près du poteau, se trouvait la poterie Thomas, où les enfants allaient, de loin, assister à l'ouverture du four en fin de cuisson. Le père de l'un des enfants habitant la place de la Bascule y travaillait.

Il est rare de trouver encore des batteurs aux fléaux. Pourtant, j'en connais encore deux qui, à l'occasion, savent battre de cette sorte : le père Begon et François Gallet...

Mais la batteuse simplifie tellement le travail... Et cela n'empêche pas de se rencontrer. Il y a toujours une « fête à la batteuse » pour remercier tous ceux qui sont venus aider.

Cette antique batteuse est vraiment originaire d'Andrézieux... Comment la belle dame, au beau chapeau blanc, a-t-elle pu participer aux travaux de battage ?

Scène de battage dans la famille Faure, à Andrézieux-Bouthéon. La tradition demeure encore de la présence de nombreux amis et voisins ; malgré le dur travail, c'est une fête où participent petits et grands.

Travail à l'usine d'imprégnation des bois (plus couramment nommée Les Poteaux). Les troncs d'arbres, écorcés, étaient imprégnés de créosote et diverses autres substances pour les conserver, les rendre plus solides, afin de remplir leur future fonction de poteaux électriques et téléphoniques. C'était un métier pénible, car tout se faisait à la main, avec l'aide d'un cheval ; les fenwicks n'existaient pas...

Des anciens de la Première Guerre mondiale dans le parc Marthourey. On reconnaît : Véricel, Fournier, Boutte, Monno, Clément, Rifugie, Giron, Royer, Sagnard, Rome, Gardon, Boudu...

La messe de l'armistice en 1918, à Andrézieux, avec d'anciens Poilus, les pompiers avec leur casque à plumet et leur tambour et les notabilités civiles et militaires d'Andrézieux.

Banquet des anciens combattants de 1914-1918 à l'hôtel Richard. Cet établissement se trouvait près de l'hôtel Begon. C'était déjà un «grand hôtel » avec un parc s'étendant jusqu'aux bords du Bonson. Sa cuisine était renommée et bien des Stéphanois venaient y faire des banquets. Les notabilités de passage y séjournaient, tel Maurice Baquet, entre autres. L'hôtel Richard a cessé toute activité depuis déjà de nombreuses années.

Mariage de monsieur et madame Jean Véricel... Celui-ci fut un héros de la Première Guerre mondiale. Voici sa citation à l'ordre de la Brigade : « *Le soldat Véricel Jean, du 16e d'infanterie, soldat brave et dévoué, a été grièvement blessé, au Mort-Homme, le 14 mars 1916, en organisant une tranchée récemment conquise. Amputé de la cuisse droite* ». Titulaire de la Croix de Guerre, et de la Légion d'honneur, monsieur Véricel était devenu cordonnier et sa femme était factrice (elle portait les lettres avec un vieux vélo à jantes de bois).

Dans le parc du Château, David de Sauzea, monsieur et madame Goutel-Véricel posent devant « *La Gloriette* ». Dans ce parc, acheté par la mairie, a été édifié un théâtre, et le « château », en cours de transformations, va devenir la mairie d'Andrézieux.

Quelques scènes de la vie de tous les jours : voici une petite fille modèle en 1925.

Devant la grosse Chenard et Walker, pose toute une brochette d'enfants. Du plus petit, à la plus grande : Jacques Chomarat, Marinette Chomarat, Marie-Louise Laspoussas, Anna Chomarat et Angèle Chomarat...

Monsieur et madame Pierre Chomarat avec leur fils Henri.

Quelques années plus tard, Jacques Chomarat pose le jour de sa première communion...

Le clos de la Baume était une ancienne maison de vigneron. Au bout de la maison, une grande pièce abritait le pressoir et la cuve. Les fenêtres étaient garnies de verres de couleur rouge, bleue, jaune, verte, afin que la lumière trop vive ne gâtat point le vin... Du cuvier, partait un large escalier descendant à la cave voûtée aux murs alvéolés pour accueillir les bouteilles. Au centre de la cave, un puits intarissable desservait toute la maison. Un réservoir, en haut de la maison, recevait l'eau que l'on montait par une pompe à large volant que l'on tournait pour faire monter l'eau. Il y avait aussi un potager. Claude Liotier s'occupait du jardin et de la vigne.

Il y avait aussi le coin des fleurs où, un 14 juillet, l'oncle de l'auteur, gendarme à Andrézieux, était venu la chercher, lui confiant un drapeau plus haut qu'elle.

Toujours dans le clos de la Baume, à Andrézieux... des enfants dans un jardin : Jacques, Marinette et Marie-Louise. Ce sont maintenant de vieux messieurs et vieilles dames... Et pourtant... c'était hier...

Marie-Louise et René Laspoussas. Il faut surtout remarquer les coiffures !

La fille de l'oncle gendarme, Odette Pechadre.

Il y a voiture... et voiture ! Voiture d'enfants, voiture à pédales et voiture automobile... Et oui, c'est encore une voiture, ni à moteur, ni à pédales, mais à bras... Elle en a fait des kilomètres... d'abord avec les parents de l'auteur qui la menaient par chemins, coursières, au gré de leurs randonnées... Puis elle a servi à Alain, Yvon, Bruno...

A côté de ces belles voitures, les voitures à pédales ! Celle-ci a servi à des générations d'enfants et trône au musée du Château des Brunaux, à Firminy, non loin d'Andrézieux... Mon père retrouvait une âme d'enfant.

Et voilà un aspect des départs en vacances, avec la Juva... La gendarmerie routière devait être moins sévère qu'aujourd'hui, car, chargée comme elle était, nous n'aurions pas fait dix kilomètres sans être arrêtés...

L'école Jeanne d'Arc à Andrézieux.

Parmi les élèves sous la garde de leur institutrice, S. Merlay, se trouvent : Jeannine Velay, Josette Balaste, Andrée Bouchet, Robert Delorme, Josette Bony, Odette Blanchon, Huguette Brio (devenue Huguette Bouchardeau, ex-ministre), Suzanne Merlay, Anny Bony, les enfants Mollanger, Giron, Monica, etc.

La vie associative a toujours été très active à Andrézieux, regroupant les gens du même métier, de la même origine : pas mal d'étrangers, Italiens, Espagnols, Portugais, etc., venus travailler dans les diverses activités d'Andrézieux, aimaient se retrouver entre eux... et puis les Andréziens sont accueillants.

Au milieu, pose Jo Ronzy, poète, musicien, compositeur, né à Andrézieux en 1910.

La *vogue* d'Andrézieux était traditionnellement organisée par les conscrits de l'année. Ici, la classe 1939, parmi eux : les jeunes Bonis, Chenaud, C. Ferréol, Jacon, Crépet, Wexler, Déchandon, Grangier, Roche...

La veille de la *vogue*, les conscrits, accompagnés de musiciens, allaient de maison en maison, portant la brioche de la *Vogue*...

La *vogue* est le nom régional pour la fête votive, mais à Andrézieux, la sainte patronne de la paroisse, sainte Agathe, était fêtée en février, période peu propice pour faire la fête. On demanda donc aux autorités ecclésiastiques une dérogation et la fête fut reportée au premier dimanche de juillet. La veille, les conscrits, Musique en tête, accompagnés d'un char fleuri, passaient de rue en rue, offrant brioche contre une obole.
La veille de la *vogue*, venait la retraite aux flambeaux, à la nuit tombée, suivie d'un bal champêtre sur un plateau de bois posé sur la place. Tout près de la piste de danse, des tables, des chaises accueillaient les « anciens » qui retrouvaient un peu de jeunesse, et permettaient aux parents de surveiller discrètement leur progéniture...
Les manèges tournaient au son d'un limonaire. Les chevaux de bois montaient, descendaient, les bateaux et les avions tanguaient... Mais où sont nos manèges d'antan ? et les roues des loteries tournaient, tournaient... On espérait avoir le gros lot, et on repartait avec un kilo de sucre ou rien du tout...
Mais avant de penser à la *vogue*, il avait fallu passer le conseil de révision, le 25 mars 1939. Parmi ces jeunes gens, on reconnaît Jacques Bonis.

Tir moderne et sophistiqué pour l'époque qui a attiré des joueurs.

Et puis, voilà un manège pour enfants... C'est déjà l'ère de l'aviation (proximité de l'aérodrome de Bouthéon oblige). Ce manège avait été construit par le père et le fils qui se trouvent tous deux sur la photographie.

La place de Forez, en 1895 : à droite, pose monsieur Martouret, maire d'Andrézieux de 1890 à 1903.

Fête et banquet des pompiers... A la fin de ce jour, monsieur Martouret décéda subitement.

Grande fête et rassemblement des pompiers de la région.

Défilé des pompiers sur la place du Forez à Andrézieux. Les dames s'ombragent sous leur ombrelle. Tout cela, c'était l'Andrézieux de fête... d'hier et même d'avant-hier !

Pèlerinage à Lourdes d'un groupe d'Andrézieux qui part en excursion pour Gavarnie, en août 1934.

Pèlerinage à Lourdes d'un groupe réunissant des fidèles de Sury et d'Andrézieux du 27 mai au 2 juin 1934. Parmi eux, se trouve Augustine Liotier. Le départ pour Biarritz eut lieu le 30 mai 1934.

Quelques noms : au centre, se trouve le chanoine Heurtier, à sa droite le curé Rollin, curé d'Andrézieux, à sa gauche l'abbé Curtelin et mesdemoiselles Berliez, Bonnefoy, Ninou Bonny, Jeanne Bonny, Verdier, Fontaney, Marie Scibourg, madame Fabiani, entre autres.
Cette Union Jeanne d'Arc groupait toutes les tendances et était inspirée du Cercle féminin de Saint-Etienne. On y faisait du théâtre d'amateurs, de la gymnastique, de la chorégraphie, des voyages, et il y avait un cercle d'études. En 1938, il y eut une rencontre de trois provinces françaises à Andrézieux. On y jouait aussi bien « *La poudre aux yeux* » de Labiche que « *Les romanesques* » de Rostand ou « *Le malade imaginaire* » de Molière. Tous les lundis il y avait un cercle d'études philosophiques, et tous les dimanches se déroulaient des cours de solfège... Et chaque Sainte-Catherine était fêtée. L'été, une kermesse rassemblait différents groupes dans le parc Martouret. L'Union Jeanne d'Arc disparut en 1949 après la fondation de la JOC.

Les processions de la Fête-Dieu... Ces vieilles photographies pâlies ont le mérite d'être datées : 22 mai 1924...

La procession venant de l'église va se rassembler sur la place du Forez, près du reposoir disposé au pied de la croix. Les petits enfants de choeur, vêtus d'une robe rouge et d'un surplis blanc orné de dentelles, portent des cierges plus hauts qu'eux. Les marguilliers portent le dais au-dessus de monsieur le curé tenant l'ostensoir. Tout au fond, apercevez-vous les grandes cornettes blanches des religieuses de Saint-Vincent-de-Paul ? Les plumets du dais frémissent au vent et le surplis de l'abbé s'enfle, tandis que le porteur de la croix a l'air inquiet... Entendez-vous les cantiques ? « *Ave Maria Stella, Dei Mater alma* »...

Bien sûr, la petite fille avec sa corbeille de fleurs n'est pas de la même époque que les deux précédentes processions... mais cette enfant a participé à la dernière procession de la Fête-Dieu qui se fit à Andrézieux... il y a bien 35 ans. Depuis, l'intensité de la circulation routière interdit ces processions et les rites religieux ont bien changé.

Le curé Rollin qui fut curé d'Andrézieux jusqu'en 1939.

Le curé Schultz qui mourut à plus de 100 ans.

Pierre Desgranges, résistant, fut arrêté à Saint-Etienne, incarcéré au fort Montluc à Lyon, puis transféré à Fresnes et déporté dans les camps de concentration en Allemagne, où il connut le frère du général de Gaulle et le colonel de La Roque... A la Libération, il revient à Andrézieux dont il fut élu maire en 1947. En 1965, il lança la fusion entre Andrézieux et Bouthéon, suivie de la création de la zone industrielle de La Chapelle. Il disparut accidentellement, le 1er avril 1971, happé par une locomotive en gare de Menton.

En 1950, Andrézieux eut l'insigne honneur de recevoir le général de Gaulle, invité par Pierre Desgranges.

Autre héros de la Résistance : Fernand Bonis. Bien que non appelé sous les drapeaux lorsque la France fut envahie, il partit pour l'Afrique et revint à Andrézieux chargé du contact avec Londres, en 1941, grâce à un émetteur « Nouvelle France » installé chez lui. Dénoncé comme résistant, il eut, lors d'une perquisition allemande, la présence d'esprit de confier à son bébé un carnet compromettant. Il put rejoindre des FFL à Alger d'où il partit Londres. Parachuté le 13 juillet 1944 en Bretagne, il fut tué avec quatre de ses compagnons lors d'un combat contre une quarantaine de mercenaires allemands. Un autre Andrézien, Roger Lorisson, résistant, membre du groupe Ange, fut tué lors de combats contre les Allemands, en 1944, dans la vallée du Rhône. Son nom fut donné à une rue d'Andrézieux, tout comme celui de Fernand Bonis.

Remise de décorations aux pompiers volontaires d'Andrézieux après l'incendie des Etablissements Rollin-Dupré à Andrézieux. Entre autres, parmi les décorés groupés devant l'ancienne mairie d'Andrézieux, se trouvent messieurs Meunier et Damon.

Inauguration de la nouvelle caserne de pompiers à Andrézieux et présentation du nouveau matériel. Les casques brillent, ils sont flambants neufs. Ironie du sort, cette nouvelle caserne fut édifiée à peu près à l'emplacement de l'ancien moulin des Cibaudes, qui fut l'objet d'un des plus importants incendies d'Andrézieux... en 1932.

Le docteur Lacoste, médecin réputé, musicien, compositeur de musique, mécène, habitait tout près de la place Jean Simand, rue Marcellin Girinon... Voici quelques photographies qu'a bien voulu nous confier son fils... Qui se reconnaîtra dans la foule de « La nuit »?

De 1947 à 1955, le docteur Lacoste organisa huit nuits d'Andrézieux, toujours le dernier samedi du mois d'août. Parmi les vedettes : Annie Cordy, Patrice et Mario, André Dassary, les Cinq Pères, l'imitateur André Bazé, les Marconys (acrobates), Marcel Azzola, Marc Taynor, les Clérans, et Yvette Giraud. Le docteur Lacoste était partout, mettant la main à la pâte et se joignant aux groupes de musiciens.

Une autre fête d'Andrézieux. Elle se situait probablement début décembre, lors de la fête au cochon gras... Cela se passait rue E. Reymond, pas loin de l'actuelle mairie d'Andrézieux.

Très bon musicien, Victor Lacoste organisa plusieurs messes musicales à Andrézieux.

Le docteur Lacoste, organisateur du circuit du Forez.

Circuit du Forez, 1946.

Le rallye du Forez des Vieux Tacots à Andrézieux.

Deux voitures semblant de la même époque, avec leurs gros phares à acétylène. L'une d'elles porte certainement sa plaque d'origine, car au début de l'automobile, la voiture de mon grand-père avait une plaque presque semblable... Quant à la 914-G, arriva-t-elle à monter la pente de la rue de Gaule ? Son chauffeur avait « une autorisation de conduire » datant de 1896.

Une voiture du rallye de Charbonnières détournée par le docteur Lacoste.

Une autre Peugeot, encore plus ancienne... Mais provenant, elle, du comice des Quatre Cantons (Saint-Galmier, Chazelles-sur-Lyon, Saint-Symphorien-sur-Coise, Saint-Laurent-de-Chamousset) fait halte à Andrézieux.

Décembre 1950 ? La foire aux cochons gras s'est transformée en foire aux bovins gras...

Le docteur Lacoste s'intéressait à tout. Ici, il s'agit d'aéromodélisme et il est le 3e en partant de la gauche.

Etait-ce en hommage à Andrézieux, terminus du premier chemin de fer de France, que l'Union sportive du PLM y organisa une grande fête sportive en 1928 ?

L'Espérance d'Andrézieux, le 19 avril 1931, à la sortie de la messe en l'église d'Andrézieux, sans doute après un concours, puisque plusieurs enfants tiennent de beaux bouquets. Tambours et clairons sont au premier rang.

Union Jeanne d'Arc... Association regroupant des jeunes d'Andrézieux. On y faisait du théâtre d'amateurs, de la chorégraphie, que l'on présentait, le plus souvent, dans la Maison d'Oeuvres, près de l'église d'Andrézieux. C'était avant 1939, mais l'Union Jeanne d'Arc dura jusqu'en 1949.

II
Bouthéon

Dès le XIIe siècle on trouve mention du château de Bouthéon. Mais il connut bien des vicissitudes au cours des siècles... Tantôt résidence somptueuse comme aux temps des Gadagne, en 1558, tantôt à demi abandonné, comme sur les photos de la fin du XIXe siècle. Il eut la chance de trouver des sauveteurs, d'abord Charles Coignet en 1879, ... de nouveau délaissé, ... accueillant des réfugiés de la guerre d'Espagne, en 1936, puis tout un village lorrain fuyant devant les combats, en 1940 ; il fut de nouveau magnifiquement réparé et restauré par monsieur Grousset, en 1961. Devenu depuis 1995 la propriété de la commune d'Andrézieux-Bouthéon, il connaît une vie nouvelle, un court-métrage de France 3 y fut tourné en 1996.

Si l'on en croit la petite histoire, c'est sur la plate-forme de cette tour que chaque année la rosière, fille méritante de la commune, ouvrait le bal avec le seigneur. Cette photo ancienne, sur plaque, doit dater de la fin du XIXe siècle, avant les réparations faites par monsieur Coignet.

On peut, d'après cette carte, s'imaginer le château, au temps jadis, lorsqu'il formait un quadrilatère défensif. La partie la plus ancienne est celle de droite, en direction de l'église, mais qui, en assez mauvais état, avait été transformée en communs. Aux temps de la Renaissance, la partie reliant ces deux ailes avait été transformée en galerie dominant la plaine du Forez, tandis que l'aile opposée était remplacée par une très belle grille en fer forgé, avec portail à fronton.

Le château restauré par monsieur Coignet au début de ce siècle.

Parfois, sortant de l'ombre du parc abandonné, surgissent des fantômes du temps jadis... venant redonner vie au château endormi...

Ce jour, ils sont plus nombreux, amenant avec eux un canon ou une bombarde, non bien sûr ils ne sont pas belliqueux, mais aiment revenir hanter le vieux château qui s'endort... (avec la complicité de la compagnie Franche du Forez d'Andrézieux).

La partie nord du château. La tour du fond avait été transformée en chapelle, dont le bas-relief de l'autel se trouverait dans la chapelle de la maison de retraite d'Andrézieux. Avant 1939, les processions de la Fête-Dieu partaient de l'église de Bouthéon, allaient jusqu'au jardin du château, et la messe se disait sur le perron de l'un des escaliers.

Ci-contre, la cour centrale du château en 1860. Voilà, ci-dessous, tout ce qu'il reste de l'ermitage de Notre-Dame-de-la-Consolation, près de Bouthéon, à la jonction des deux ravins où coulent le Grand Volon et le Petit Volon. Il était desservi par des religieux de l'ordre de Saint-Romuald (ou Camaldules). Il subsista jusqu'en 1792. Les moines ne furent jamais très nombreux, mais très dévoués. L'un de leurs supérieurs fut favorisé par des visions et mourut en odeur de sainteté. L'ermitage, abandonné, fut transformé en ferme. Elle est aujourd'hui en ruines. Cependant, dans ses fondations subsiste encore une base de colonne provenant sans doute de l'ancien édifice de Notre-Dame-de-la-Consolation (renseignements fournis par l'abbé Richard, curé de Bouthéon).

— CHATEAU DE BOUTHÉON EN 1860
Dessin de Méley, d'après F. Thiollier.
le puits de la cour centrale

La colline où se trouvent le village et le château de Bouthéon est un véritable promontoire qui s'avance au début de la plaine de la Loire. C'était un lieu idéal pour construire un château, poste de surveillance et de sûreté pour les habitants alentour.

L'église est récente (1859), reconstruite à l'emplacement d'une plus ancienne, datant du XIIe siècle et qui avait un autel en bois doré avec gradins, niches, sculptures et saints polychromes... La cloche de l'ancienne église, fondue par Mosnier, de Viverols, avait comme parrain et marraine Gilbert et Charlotte de Gadagne. Réquisitionnée sous la Révolution, déposée au port de Saint-Just en attendant d'être fondue pour faire des armes, elle fut subtilisée par un transporteur de La Ricamarie venu apporter sa cloche. Cachée, puis retrouvée, elle sonne maintenant au clocher de La Ricamarie.

L'église de Bouthéon avec, tout à côté, le monument aux Morts de la Première Guerre mondiale. Que de larmes, que de souffrances, de familles anéanties, mais dont les noms subsistent sous la protection de l'église Saint-Laurent...

A-t-elle été restaurée, transformée ou subsiste-t-il des statues naïves et touchantes, des bannières de procession, la chaire et tout ce cadre vieillot mais qui parlait à l'esprit ?

L'entrée dans le vieux bourg fortifié de Bouthéon, il y a encore une cinquantaine d'années. La majorité des vieilles maisons que l'on aperçoit ont disparu, notamment la maison des Soeurs qui se trouvait derrière la fontaine. Son mur de façade, épais de 1,30 mètre, était un reste du mur d'enceinte. Elle fut détruite le 5 octobre 1988, les soeurs avaient quitté Bouthéon en 1949, mais leur souvenir reste vivant.

Derrière la fontaine, à gauche de la photo, se dresse la maison des Soeurs. Elles y vécurent d'août 1739 à fin septembre 1949. Pendant la Seconde Guerre mondiale, elles recevaient des cartes de ravitaillement que l'auteur leur portait pour leurs pensionnaires malades ou âgées. Combien leur maison sentait bon : à peine ouvert la grande porte, on était entouré d'une odeur de cire d'abeilles (une ruche était dans leur jardin et fournissait miel et cire), de fleurs de leur jardin, dont les bouquets embaumaient et égayaient leurs pièces sombres.

Une photographie, un peu passée, des religieuses de Bouthéon... Qui était Sœur Saint-Gabriel, qui s'occupa d'une classe enfantine jusqu'en juillet 1901 où deux gendarmes vinrent notifier la fermeture de l'école ? Elle était également sacristine, et s'occupa d'un patronage... Que cette photo jaunie soit un hommage à celles qui se dévouèrent pour les enfants, les malades, les personnes âgées. Elles étaient les « assistantes sociales » de l'époque... Lors de la démolition de la maison des Soeurs, on trouva des bocaux de verre de leur pharmacie qui contenait une multitude d'herbes médicinales, des biberons Robert et une statuette *ex-voto*.

On trouva aussi, entre deux marches de l'escalier à vis, une piécette : un liard en cuivre datant de 1669. Etait-elle tombée de la poche d'un ouvrier, ou avait-elle été mise là intentionnellement ? C'était une coutume très ancienne, qui se pratiqua fort longtemps lors de la construction ou la réfection d'un monument.

Une autre tour de l'enceinte du bourg fortifié de Bouthéon (que l'on apercevait sur la photo de la maison des Soeurs) s'écroula durant l'hiver 1942 ; elle avait été transformée en habitation, on avait percé des fenêtres, mais ce qui causa sa perte fut le support de fer qui soutenait les lignes électriques. Cet hiver 1942 fut très froid, d'abondantes chutes de neige, gelant au fur et à mesure sur les câbles électriques devenus très lourds, firent basculer le support qui, en tombant, causa l'écroulement de la tour. Bien sûr, elle était vétuste, elle gênait la circulation, mais c'est encore un souvenir du passé qui a disparu.

Epicerie C. Gay-Produits Casino... De la rue de l'Eglise, cette épicerie était partie rue Centrale, dans la grande maison de gauche, au fond... pour ensuite traverser la rue et s'installer juste en face et devenir l'épicerie Casino, tenue d'abord par monsieur et madame Chomarat, puis, après le décès de Pierre Chomarat, par madame Chomarat et sa sœur, Céline Maingaud.

Quant aux Economats du Centre, ils restèrent à la même place, à l'angle de la rue, et furent tenus par madame Dorel. A gauche, il semble que ce soit la boulangerie Gérossier.

Le café de la Bascule appartenant à Cordier... Il se trouvait, bien sûr, face à la bascule : les poids publics de Bouthéon. On l'aperçoit d'ailleurs dans l'angle de la rue Centrale et de la place. Admirez l'air martial du soldat devant la porte, et les rideaux, les brise-bises, comme on disait alors. Un café existe encore à l'emplacement du café de la Bascule.

Sur cette place de la Bascule, qui devint place de la Mairie, se trouvait jadis une mare où venaient s'abreuver les bêtes. On distingue à peine, devant le café Cordier, la pompe à bras et le *bachat* où venait boire les bêtes.

L'entrée du bourg de jadis, l'église, la mairie sont inscrits dans un périmètre assez restreint... Plus grand cependant que ne l'était le Bouthéon de l'époque féodale.

La première église de Bouthéon datait du XIIe siècle. Bien qu'ayant été protégée et dotée par les différents seigneurs de Bouthéon (telle la cloche offerte en 1700 par Gilbert de Gadagne d'Hostun, comte de Verdun, seigneur de Bouthéon, lieutenant de Forez), elle était fort délabrée et, en septembre 1859, le conseil paroissial et le conseil municipal décidèrent de sa reconstruction. Le gros-œuvre fut terminé en 1861 et elle fut entièrement terminée une vingtaine d'années plus tard, d'où la cérémonie du centenaire illustrée par ces photographies.

Le Père Richard, qui fut de nombreuses années durant, curé de Bouthéon, était non seulement un prêtre dévoué, mais un écrivain, un historien qui avait été reçu à la Société des auteurs et compositeurs. On n'a pas retrouvé de photo de lui, sinon celle du centenaire de l'église où l'on voit juste sa chevelure blanche, dans l'angle gauche, en bas de la photo sur laquelle l'évêque parle devant le micro, le 15 juillet 1961.

Parfois, des Camaldules reviennent du passé et parcourent comme jadis les rues du village...

Dans les Chambons, au pied de la colline de Bouthéon, le terrain était fertile, le sol alluvionnaire, grâce à la Loire qui, dit-on, coulait jadis au pied même du château avant de s'en éloigner. Tout au fond, dans la brume, les monts du Forez... Le travail était dur mais les récoltes, en général, bonnes. Les cultivateurs laissaient à leur femme le soin d'aller vendre les légumes tout frais ramassés. C'était un car spécial, plus très jeune, qui « faisait le ramassage » des vendeuses et de leurs balles de légumes et les conduisait aux marchés de Saint-Etienne.

De loin en loin, restaient, à côté des terres fertiles, bien entretenues, des *gours*, petits étangs formés sur un sous-sol argileux, peuplés de carpes, tanches... et auprès desquels, le dimanche, les Andréziens (et les Stéphanois) venaient passer la journée. La famille Berthon n'a pas manqué à la coutume. La jeune femme et la petite fille en blanc apportent un témoignage sur la mode de l'époque.

Tout a tellement changé... Cette vue fut-elle prise vers Bouthéon, à Andrézieux ? Sur le banc, près des fillettes, se trouve la *seille* (seau à une seule anse pour tirer le lait).

Ces belles dames pourraient figurer dans « *Les dames au chapeau vert* »... mais ce ne sont qu'un groupe d'amies qui se promène par les Chambons, le long de la Loire... Elles faisaient tenir leur chapeau grâce à ces longues épingles destinées à cet effet et ne sortaient pas sans leur ombrelle.

Monsieur et madame Galley et la société de tir d'Andrézieux-Bouthéon.

Stand de tir d'Andrézieux-Bouthéon.

Le chef-pilote Burel en 1911. C'est sans doute un avion de ce type que l'un des habitants de la Grand Cour construisit. Il assembla le chassis de bois, embaucha mère et soeurs pour piquer et confectionner la voilure de toile. Le tout monté et après forces économies et privations, il put enfin acheter un moteur. Il le monta avec soin, le lança pour essayer le moteur qui démarra. Sans doute n'avait-il pas mis de cale, car l'avion s'élança et alla se fracasser contre le mur du hangar. Ce fut la fin d'une belle carrière aéronautique. Cet Andrézien se fit embaucher à l'usine Renault ou Citroën... Là au moins, les engins que l'on y construisait restaient sur terre !

Deux pilotes de Bouthéon-Aviation : Guéraud, chef-pilote, et Albert de Véron, de la Combe, dans les années 1930... On est déjà bien loin des appareils de Bielovucci, Garros, Train, Burel, et même du docteur Raymond, surnommé le Médecin Volant, héros de la Première Guerre mondiale.

Biplan bimoteurs à Bouthéon avant 1914 ou juste après la guerre. C'était déjà un appareil moderne à côté de celui que, en 1907, messieurs Thezenas et Reynaud avaient construit : une véritable « cage à poules » avec quatre hélices, mais qui ne put jamais décoller.

C'est au meeting de 1911 que l'on vit ce drôle d'engin, celui de Bielovucci. Cet assemblage de bois, de toile, avec des roues fragiles empruntées sans doute à des vélocipèdes, réussit à voler. Mais on pouvait vraiment dire des pilotes qu'ils étaient de « *merveilleux fous volants, avec leurs drôles de machines…* ». Chacun était une pièce unique, le plus souvent fabriquée par le pilote lui-même, ce qui explique que l'engin fût gardé par la troupe.

Ennemonde Diard... Stéphanoise, née en 1898, se passionna pour l'aviation, alors à ses débuts. Journaliste, écrivain, elle fut surtout connue comme aviatrice et parachutiste, notamment à Bouthéon. Très en avance pour son temps, elle était le plus souvent habillée en homme, tenue plus pratique lors de ses multiples activités. Elle connut Roland Garros, Rouchouse, et bien d'autres as de la Première Guerre mondiale, durant laquelle elle fut conductrice d'ambulance. Bien que pilote elle-même, elle fut surtout connue comme parachutiste, et on la vit souvent à Bouthéon. Elle mourut à la fin de la Seconde Guerre mondiale, lors d'un bombardement en Allemagne.

En 1930, Bouthéon reçut des visiteurs illustres, Coste et Bellonte, héros de la première liaison aérienne Paris-New York... Un banquet fut donné en leur honneur... Mais qui est Coste ? Qui est Bellonte ? Parmi les convives, se trouvait également monsieur Velay habitant la Grand Cour.

Hanriot 1935, le sanitaire de l'escadrille fut affrété pour le transport des blessés et des malades. Ce fut le docteur Emile Raymond qui, le premier, se rendit compte de l'utilité de l'aviation dans le transport des malades et des blessés. Ce médecin, sénateur de la Loire, passa son brevet de pilote à 45 ans et relia Etampes à Bouthéon. En 1912, il s'intéressa aux avions sanitaires. Il utilisait, en 1913, un avion personnel pour opérer rapidement ses malades aux alentours. Engagé dès 1914, il fut mortellement blessé, aux commandes de son aéroplane, le 21 octobre 1914.

Courrier aérien postal *Air-Bleu* Saint-Etienne-Paris arrêté à Bouthéon en août 1937. Bien sûr, le courrier aérien Saint-Etienne-Paris n'avait rien de prestigieux, mais les exploits de Mermoz, Guillaumet, de *Courrier Sud* et *Mes Vols* faisaient rêver tous les jeunes.

Remerciements

Merci à tous ceux qui ont bien voulu m'aider à retrouver notre mémoire en images...
J'avoue que j'y ai trouvé un plaisir immense, non seulement en retrouvant des images du passé, mais aussi de nombreux souvenirs, bons... ou moins bons... et qui nous ont permis de renouer des liens un peu effacés par le temps.
Merci à tous...
Je n'ai qu'un regret, c'est de n'avoir pu faire figurer tous les documents que l'on m'a confiés et qui représentent tant de souvenirs.
Puissiez-vous, tous, retrouver cependant les souvenirs d'Andrézieux-Bouthéon d'antan.
Enfin, permettez moi de dédier cet ouvrage à la mémoire de Marguerite Gonon, historienne de Forez.